GLÜCK-WUNSCH FÜR MEINE MUTTER

D1725451

VERLAG NEUE STADT
MÜNCHEN · ZÜRICH · WIEN

Gedanken

„Weil Gott nicht überall sein konnte,
schuf er die Mütter."

Arabische Weisheit

Jede Mutter ist einmalig, und doch ist in jeder Mutter etwas von dem zu finden, was Müttern zu allen Zeiten und in allen Kulturkreisen zugeschrieben wird. Ein wenig davon klingt in diesem Heft an – als ein großer, bunter DANKE-Blumenstrauß!

Eine Mutter versteht
auch die Sprache
ihres stummen Kindes.

Abchasische Weisheit

DANKE,
dass ich Dir manches
nicht erklären muss,
weil Du es auch ohne große Worte
verstehst.

Mutter sein, das ist
die Tore weit machen und frei geben,
am Ufer stehen und nachsehen,
Freuden und Schmerzen erleiden
mit dem Kinde, das weit draußen
schwimmt auf dem Meere des Lebens.

Anna Schieber

DANKE,
dass Du mich frei lässt,
Dich mit mir freust
und mit mir leidest.

Meine Mutter
hatte einen Haufen Ärger mit mir,
aber ich glaube, sie hat es genossen.

Mark Twain

DANKE,
dass Du mir immer wieder das Gefühl gibst,
dass du die Sorgen um uns
eigentlich ganz gerne auf Dich nimmst.

Mütter haben
für jede Wunde
die richtige Salbe.

Aus Italien

DANKE, dass Du Dir
so oft einen Trost für meinen Kummer
ausgedacht hast.

Alle Liebe der Menschen
muss erworben, erobert und verdient,
über Hindernisse hinweg erkämpft
und bewahrt werden;
die Liebe der Mutter allein
hat man immer,
unerworben und unverdient.

Berthold Auerbach

DANKE für alle Liebe,
die Du uns schenkst,
ohne dass wir etwas dafür leisten müssen.

Eine Mutter
braucht eine große Schürze,
um die Mängel ihrer Kinder
zu verdecken.

Englisches Sprichwort

DANKE,
dass Du meine Fehler siehst
und gleich wieder vergisst.

Vom sicheren Rücken der Mutter aus
wird Kontakt aufgenommen
mit der fremden Welt.
Wärme strahlt aus und Liebe trägt,
bis die eigenen Füße tragen.
Von solcher Erfahrung
lässt sich zehren ein Leben lang.

Gerhard Eberts

DANKE für das Getragen-Werden –
auch jetzt noch oft.

Hundert Männer
können ein Haus einrichten,
aber um ein Heim zu schaffen,
braucht es eine Frau.

Aus China

DANKE dafür, dass wir uns
bei Dir zu Hause so wohl fühlen können.

Eine Mutter
ist der treueste Freund, den wir haben,
wenn uns Schicksalsschläge hart
und unerwartet treffen;
wenn Not das Glück ablöst;
wenn Freunde, die den Sonnenschein
mit uns genossen, uns verlassen;
wenn sich Probleme um uns herum
anhäufen.

Washington Irving

DANKE, dass Du da bist,
wenn es einmal nicht so einfach ist.

Eine Mutter wäre fähig,
das Glück zu erfinden,
um es ihren Kindern zu geben.

Madeleine Delbrêl

DANKE
für so viele glückliche Momente,
die wir mit Dir erlebt haben!

Gedanken - Die kleinen Geschenke aus dem Verlag Neue Stadt

Herausgegeben von Gabriele Hartl

Bildnachweis: Umschlagabbildung: © Martina Schröder/Mood + Message;
S. 5, 13: Sibille Müller; S. 7: Peter Friebe; S. 9: Peter Riepl;
S. 11, 19: Anna Porizka; S. 15: Christine Keim;
S. 17: Peter Jacobs; S. 21: Gernot Hettler; S. 23: Heinz Ney.

1. Auflage 2004
© Alle Rechte für Auswahl und Gestaltung bei Verlag Neue Stadt, München
Gestaltung und Satz: Neue-Stadt-Graphik
Druck: Memminger MedienCentrum, Memmingen
ISBN 3-87996-617-6